Onboarding in Kindertageseinrichtungen als Instrument der Personalbindung

Pia Parczanny

GRIN

Bibliografische Information der Deutschen Nationalbibliothek:

Die Deutsche Nationalbibliothek verzeichnet diese Publikation in der Deutschen Nationalbibliografie; detaillierte bibliografische Daten sind im Internet über http://dnb.d-nb.de abrufbar.

ISBN: 9783346578495
Dieses Buch ist auch als E-Book erhältlich.

© GRIN Publishing GmbH
Nymphenburger Straße 86
80636 München

Druck und Bindung: Books on Demand GmbH, Norderstedt Germany
Gedruckt auf säurefreiem Papier aus verantwortungsvollen Quellen

Das Buch bei GRIN: https://www.grin.com/document/1168319

DIPLOMA Hochschule

Private Fachhochschule Nordhessen

Studiengang Bachelor of Arts Frühpädagogik - Leitung und Management in der frühkindlichen Bildung

Hausarbeit

Auf den Anfang kommt es an –
Onboarding in Kindertageseinrichtungen

Inhaltsverzeichnis

Inhaltsverzeichnis...I

Abkürzungsverzeichnis...II

1   Einleitung 1

2   Frühfluktuation 2

2.1   Begriffliche Abgrenzung 2

2.2   Auswirkungen auf die Kindertagesstätte 3

3   Onboarding 3

3.1   Begriffliche Abgrenzung 3

3.2   Ebenen der Integration... 4

3.3   Phasen der Integration 5

       3.3.1   Vor-Eintrittsphase 6

       3.3.2   Eintrittsphase 7

       3.3.3   Metamorphose-Phase 8

4   Geeignete Maßnahmen im Kontext von Kindertagesstätten 9

4.1   Welcome Package 9

4.2   Mentoring/Patenschaft 10

4.3   Integrationsplan und Mitarbeitendengespräche 11

5   Fazit/Schlussbetrachtung..12

6   Literaturverzeichnis 14

Abkürzungsverzeichnis

bspw.	beispielsweise
bzw.	beziehungsweise
ebd.	ebenda
etc.	et cetera
ggfs.	gegebenenfalls
lt.	laut
o. g.	oben genannte/r/n/s
usw.	und so weiter
z.B.	zum Beispiel

1 Einleitung

Diese Hausarbeit beschäftigt sich mit dem Thema Onboarding in Kindertagesstätten. Das Thema hat unmittelbare gesellschaftliche Relevanz, da der Betreuungsbedarf und somit der Bedarf an entsprechenden Fachkräften in der frühen Bildung in den letzten Jahren stark angestiegen ist. Laut dem Fachkräftebarometer 2021 ist das Personalvolumen in der frühen Bildung in den Jahren zwischen 2012 und 2020 um 40% angestiegen.[1] Gleichzeitig fehlen immer noch 173.000 Fachkräfte bundesweit in Kindertageseinrichtungen,[2] was maßgeblich mit dem 2013 in Kraft getretenen Anspruch auf einen Betreuungsplatz ab dem vollendeten ersten Lebensjahr[3] zusammenhängen könnte. Die Zunahme des Personalvolumens reicht also nicht aus, um dem steigenden Betreuungsplatz- und damit einhergehenden Personalbedarf gerecht zu werden. Die Bundesagentur für Arbeit stellt mittlerweile erstmals einen sogenannten „Fachkräfteengpass in der Berufsgruppe Kinderbetreuung"[4] fest. Im Mikrozensus 2018 geben zudem lediglich 1,7% der Beschäftigten in der frühen Bildung an, innerhalb der letzten vier Wochen nach einem alternativen Beschäftigungsverhältnis gesucht zu haben.[5] Dies erschwert es Trägern und Leitungskräften zusätzlich, Personal zur Besetzung der offenen Stellen zu gewinnen, da wenig Bewegung auf dem Teilarbeitsmarkt ist. Die Autorengruppe Fachkräftebarometer resümiert also, dass langfristige Personalbindung für Kindertagesstätten in Zukunft an Bedeutung gewinnen wird.[6] Erzieher*innen sind Generalist*innen im elementarpädagogischen Bereich und können mit ihrem in der Ausbildung erworbenen Wissen an einem neuen Arbeitsplatz schnell „ins Tun" kommen. Ebenso schnell können sie im herrschenden Fachkräftemangel die Stelle wechseln, falls das Onboarding fehlschlägt. Ist eine offene Stelle tatsächlich besetzt worden ist es also von hohem Interesse, die entsprechende Fachkraft langfristig zu binden, um Personalmangel und aufreibende Personalsuchen zu vermeiden. Diese Hausarbeit setzt sich mit den Grundlagen

---

[1] vgl. Autorengruppe Fachkräftebarometer 2021, S. 136.
[2] vgl. ver.di 2021.
[3] vgl. SGB VIII §24 Abs. 2
[4] Autorengruppe Fachkräftebarometer 2021, S. 154.
[5] vgl. Autorengruppe Fachkräftebarometer 2021, S. 148.
[6] vgl. Autorengruppe Fachkräftebarometer 2021, S. 154.

des Onboardings als Instrument der Personalbindung zur Verhinderung von Frühfluktuation auseinander und versucht den Übertrag auf das Beschäftigungsumfeld Kindertagesstätten.

2 Frühfluktuation

2.1 Begriffliche Abgrenzung

Das Wort „Fluktuation" leitet sich vom lateinischen „fluctuare" ab, was in etwa „schwanken" oder „wogen" bedeutet.[7] Im unternehmerischen Kontext bezeichnet Fluktuation die Schwankungen des Mitarbeitendenbestandes durch Ein- und Austritte. Ein gewisser Grad an Fluktuation ist bedingt durch „natürliche Ursachen", wie z. B. Pensionierung, bzw. Berentung.[8] Weniger leicht vorhersehbar ist die unternehmensfremde Fluktuation, also der Wechsel des Arbeitgebenden. Die Fluktuationsrate wird als Indikator für die Arbeitszufriedenheit angesehen.[9]

Nach Özdemir stellt die Frühfluktuation einen Sonderfall der unternehmensfremden Fluktuation dar. Der Begriff beschreibt den „Austritt eines Arbeitnehmers [sic] aus dem Unternehmen innerhalb der ersten 12 Monate nach der Einstellung".[10] Anders als spätere Austritte kann Frühfluktuation auf einen optimierungsbedürftigen Onboardingprozess oder misslungene Personalauswahl hinweisen,[11] bspw. wenn sich nach der Einstellung herausstellt, dass keine ausreichende Passung (Person-Organization-Fit) vorliegt. Durch die mangelnde Integration des oder der neuen Mitarbeitenden kann es bereits vor dem Austritt zur „inneren Kündigung" und „Dienst nach Vorschrift" kommen.[12]

---

[7] vgl. PONS 2021.
[8] vgl. Özdemir 2008, S. 43.
[9] vgl. Özdemir 2008, S. 43, zit. nach Meyers Lexikon 2008.
[10] Özdemir 2008, S. 43, zit. nach Personaler-Online 2008.
[11] vgl. Özdemir 2008, S. 43
[12] vgl. Watzka 2014, S. 80.

2.2 Auswirkungen auf die Kindertagesstätte

Für die Kindertagesstätte hat Frühfluktuation eine Vielzahl direkten und indirekten Kosten zur Folge. Bereits vor der Kündigung kann die Produktivität des betreffenden Team-Mitgliedes niedriger sein, da nur noch „Dienst nach Vorschrift" abgeleistet wird. Durch den Austritt verliert die Einrichtung nicht nur das mitgebrachte Know-How des oder der Mitarbeitenden. Auch die investierte Zeit und Arbeitskraft für die Einarbeitung waren vergebens. Hinzu kommen erhöhte Verwaltungskosten für die Trennungsabwicklung und Wiederbesetzung (Zeugnis, Neuausschreibung der Stelle, Personalauswahl, Vertragserstellung, usw.). Während der Vakanzphase müssen ggfs. die Dienste des verbleibenden Kollegiums anders belegt und/oder Überstunden gemacht werden; die individuelle Arbeits- und Stressbelastung steigt an. Nach einer Wiederbesetzung müssen erneut Zeit und Energie in die Einarbeitung investiert werden. Ist die Frühfluktuationsrate hoch, so kann es seitens der Kundschaft, was in Kindertagesstätten am ehesten der Elternschaft gleichkommt, zu Vertrauensverlusten kommen. Auch Bewerber*innen können abgeschreckt werden, da der sinkende Ruf der Einrichtung Kreise zieht.[13] Im derzeit durch den Fachkräftemangel besonders angespannten Arbeitsmarkt gilt es also, Frühfluktuation nach Möglichkeit zu vermeiden.

3   Onboarding

3.1   Begriffliche Abgrenzung

"Wenn Sie Gäste zu sich nach Hause einladen, würde Ihnen vermutlich nie einfallen, diese an der Garderobe stehen zu lassen und sich dann nicht mehr um sie zu kümmern."[14]

Onboarding wird häufig synonym verwendet mit *Einarbeitung*, jedoch unterscheiden sich die beiden Begriffe in wesentlichen Details. Die *Einarbeitung*

---

[13] vgl. Watzka 2014, S. 80.
[14] Immerschitt und Stumpf 2014, S. 170.

fokussiert sich auf die berufliche, fachliche Ebene des oder der neuen Mitarbeitenden, mit dem Ziel der anforderungsgerechten Erledigung der anfallenden Aufgaben.[15]

Das *Onboarding*, übersetzt „an Bord holen", beinhaltet die o. g. Aspekte der Einarbeitung. Erweitert werden diese um den Aspekt der neuen Umgebung, welche neue Regeln und eine andere Kultur mit sich bringt. Der oder die neue Mitarbeitende soll auf allen Ebenen in die neue Umgebung integriert werden und Altes gewissermaßen „loslassen".[16] Dies zieht eine Orientierungslosigkeit nach sich, da etablierte Verhaltensmuster und Routinen nur noch begrenzt aufrechterhalten werden können.[17]

Beide Begriffe beschreiben Maßnahmen, die mit (oder vor) Eintritt in das neue Unternehmen beginnen und in absehbarer Zeit enden, meist, aber nicht zwingend, mit Ende der Probezeit.[18] Onboarding vollzieht sich auf mehreren Ebenen und durchläuft mehrere Phasen. Beides soll in den folgenden Unterkapiteln beleuchtet werden.

3.2   Ebenen der Integration

Der Onboardingprozess findet idealerweise auf drei Ebenen statt, die ineinandergreifen: fachlich, sozial und werteorientiert. Die soziale und werteorientierte Integration sollten neben der fachlichen Integration ausreichend berücksichtigt werden bei der Planung individueller Onboardingprozesse, damit der oder die neue Mitarbeitende ins Team integriert wird und es nicht zur „inneren Kündigung" kommt. Die häufigsten Gründe für frühe Kündigungen beruhen auf einem Mangel sozialer und/oder werteorientierter Integration.[19]

Bei der fachlichen Integration liegt der Schwerpunkt auf dem Erwerb von Faktenwissen. Dies kann sich auf die notwendigen Informationen und Kenntnisse zur selbstständigen Erledigung bestimmter Aufgabenstellungen beziehen, aber

---

[15] vgl. Bröckermann und Müller-Vorbrüggen 2008, 133f.
[16] vgl. Moser et al. 2018, S. 2ff.
[17] vgl. Watzka 2014, S. 81.
[18] vgl. Moser et al. 2018, S. 2.
[19] vgl. Brenner 2014, S. 8.

auch auf die Organisationsstruktur des neuen Unternehmens. Abläufe, Ansprechpersonen und Hierarchien müssen erst kennengelernt und verinnerlicht werden.[20] Die neue Umgebung bringt neue Kolleg*innen und Vorgesetzte mit sich, sowie im Kontext einer Kindertagesstätte neue Kinder und dazugehörige Eltern. Ziel der sozialen Integration ist das Erreichen des sogenannten „Wir-Gefühls", wodurch sich das neue Teammitglied als Teil der Gemeinschaft wahrnimmt und von dieser auch als solches akzeptiert wird.[21] Dadurch wird das Wohlbefinden der einzelnen Teammitglieder und damit die Mitarbeitendenzufriedenheit erhöht.[22] Bei der werteorientierten Integration geht es in erster Linie um das Leitbild und die vom Unternehmen vertretenen, bzw. vor allem gelebten Werte. Diese werden durch den Umgang aller Beteiligten untereinander geprägt und weitergegeben.[23] Oftmals werden Trennungen während der Probezeit umschrieben mit „die Chemie stimmt nicht"[24] oder ähnlichen Formulierungen. Das Problem liegt in solchen Fällen weniger in der fachlichen Ebene der Integration, sondern in der sozialen und/oder werteorientierten Ebene. Die Einrichtungsleitung sollte daher die soziale und werteorientierte Integration ausdrücklich und ausreichend einplanen, um das Risiko der Frühfluktuation gering zu halten.[25]

3.3 Phasen der Integration

Das Onboarding durchläuft mehrere Phasen bis der Neuling von sich und anderen als Vollmitglied wahrgenommen wird. Diese Phasen werden ausführlich von Oswald Neuberger geschildert, weshalb sich die folgenden Unterkapitel schwerpunktmäßig auf ihn beziehen. Die von ihm herausgearbeiteten Phasen der Integration sind die Vor-Eintritts-Phase, die Eintrittsphase und die Metamorphose-Phase.[26]

---

[20] vgl. Brenner 2014, S. 7.
[21] vgl. Brenner 2014, S. 8.
[22] vgl. persomatch 2021, URL: https://persomatch.de/hr-lexikon/inplacement/.
[23] vgl. persomatch 2021, URL: https://persomatch.de/hr-lexikon/inplacement/.
[24] Brenner 2014, S. 8.
[25] vgl. Brenner 2014, S. 8.
[26] vgl. Neuberger 1994, S. 122–156.

3.3.1 Vor-Eintrittsphase

Die Vor-Eintrittsphase wird auch Pre-Boarding oder antizipatorische Sozialisation genannt. Zu dieser Phase gehören alle Erfahrungen, die Bewerber*innen machen vor dem Eintritt in eine neue Kindertagesstätte.[27] Das beinhaltet die Ausschreibung, den Online-Auftritt, die Mundpropaganda, die Bewerbung, das Vorstellungsgespräch, die Hospitation und geht nach der Zusage weiter mit jeglichen Kontakten zur Vorbereitung auf den Arbeitsbeginn. In dieser Phase entwickeln sich bestimmte Erwartungen an den neuen Arbeitsplatz. Werden in dieser Phase seitens des Arbeitgebenden primär sehr positive Aspekte des neuen Arbeitsplatzes betont, kommt es später in der Eintrittsphase womöglich zu Erwartungsenttäuschungen.[28] Dieser Effekt kann abgemildert werden durch die sogenannte „realistische Tätigkeitsvorschau" (realistic job interview), bei der auch weniger günstige Informationen an die Bewerber*innen weitergegeben werden. Diese Informationen sollten 40% nicht übersteigen und nicht gleich als Erste preisgegeben werden. Auch eine Hospitation, welche im elementarpädagogischen Bereich sehr gängig ist, stellt eine Form der realistischen Tätigkeitsvorschau dar.[29] Hierbei erhalten die Bewerber*innen die Möglichkeit, mit möglichen zukünftigen Kolleg*innen zu sprechen, Fragen zu stellen und erste Arbeitsabläufe mitzuerleben. Auch die Räumlichkeiten, Arbeitsmaterialien, angewendete Methoden und die kollegiale Kommunikationskultur können „in Aktion" in Augenschein genommen werden. So kann beiderseits abgewägt werden, ob es zu einem Person-Organization-Fit kommt.

Ist es dann zur sogenannten Doppelwahl gekommen, verstreicht meist noch einige Zeit vor dem ersten Arbeitstag. Oftmals sind an dieser Stelle noch verschiedene Fragen offen, vorrangig organisatorischer Natur. Das baldige neue Team-Mitglied befindet sich in einer sensiblen Phase, in der es als positiv wahrgenommen wird, wenn der neue Arbeitgebende sich aktiv meldet, um ggfs. noch Informationen weiterleiten zu können. Auch die Einladung zu einem

---

[27] vgl. Neuberger 1994, 124f.
[28] vgl. Moser et al. 2018, S. 50.
[29] vgl. Moser et al. 2018, 63ff.

informellen Treffen mit den zukünftigen Kolleg*innen, z. B. im Rahmen eines Betriebsausfluges oder der Weihnachtsfeier, oder die Zusendung eines „Welcome Package" sendet positive Signale und baut psychischen Druck ab.[30] Rechtzeitig vor dem ersten Arbeitstag sollten Arbeitsplatz und Ausstattung wie ein abschließbares Eigentumsfach, Schlüssel, Stempelkarte usw., eingerichtet bzw. bestellt und ggfs. mit dem Namen versehen werden. Ein unvorbereitetes Arbeitsumfeld kann das Signal senden, dass neue Mitglieder nicht willkommen sind. Im Umkehrschluss ist ein vorbereiteter Arbeitsplatz ein Teilaspekt gelingenden Onboardings und sollte nicht unterschätzt werden.[31]

3.3.2 Eintrittsphase

Die Eintrittsphase beginnt mit dem ersten Arbeitstag und stellt einen harten Bruch dar. Der oder die neue Mitarbeitende erlebt keine schleichende Transition, sondern wird in das neue Arbeitsumfeld „hineingeworfen". Dies wird meist als destabilisierende Erfahrung beschrieben, welche mit Gefühlen wie Angst und Unsicherheit einhergeht. Um den oder die Neue*n in den neuen Wirkungsbereich und das Team zu integrieren sind verschiedene Induktionsstrategien möglich:

- „Ins kalte Wasser werfen"
- „Grenzen aufzeigen"
- „Arbeitsbegleitendes Training"
- "Trainingsbegleitende Aufgabenübernahme"
- "Vollzeitliches Einführungstraining"[32]

Die drei letzten Strategien fallen dabei in die Kategorie „Schonstrategie". Das arbeitsbegleitende Training sieht vor, dass die neue Fachkraft mit dem größten Anteil ihrer Arbeitszeit in den regulären Arbeitsablauf eingebunden wird. Begleitet wird der Einarbeitungsprozess durch Trainings,[33] oder Gespräche mit designierten Ansprechpersonen,[34] in denen weitere Kenntnisse vermittelt werden. Dabei können auftauchende Fragen geklärt werden. Bei der

---

[30] vgl. Watzka 2014, S. 83.
[31] vgl. Lohaus und Habermann 2016, 130f.
[32] vgl. Neuberger 1994, 124ff, nach Stiefel 1979.
[33] vgl. Lohaus und Habermann 2016, S. 73.
[34] vgl. Neuberger 1994, S. 127, nach Stiefel 1979.

trainingsbegleitenden Aufgabenübernahme teilt sich die Arbeitszeit zwischen Trainings und der Arbeit im eigentlichen Arbeitsfeld auf. Beides verläuft parallel, sodass neue Kenntnisse Stück für Stück in der Praxis umgesetzt werden können.[35] Im vollzeitlichen Einführungstraining werden die notwendigen Kenntnisse „off-the-job" vermittelt; eine Tätigkeit im eigentlichen Arbeitsfeld findet zunächst gar nicht statt.

Neben den „Schonstrategien" stehen noch das „Ins kalte Wasser werfen" und das „Grenzen aufzeigen". Bei ersterem werden der oder dem neuen Mitarbeitenden nur wenige Informationen und Einarbeitung in den Aufgabenbereich zuteil. Ziel dieser Methode ist es herauszufinden, wie gut sich der oder die Neue „über Wasser hält" und beginnt, Ergebnisse zu liefern. Die eigentliche Integration auf allen o. g. Ebenen wird als Nebensache betrachtet.[36] Die Methode des „Grenzen aufzeigens" dient vorrangig dazu, dass die neue Fachkraft leichter zu führen, bzw. beeinflussen ist. Dazu werden ihr vorsätzlich nicht zu bewältigende Aufgaben gestellt, wodurch es zum Scheitern kommt[37] und das Selbstvertrauen einen Dämpfer erfährt.[38] Die Wahl einer geeigneten Integrationsmethode ist von hoher Bedeutung, da es durch arbeitgebendenseitige Fehler wie „Desinteresse, Unaufmerksamkeit und Unterforderung"[39] zur mitarbeitendenseitigen Kündigung während der Eintrittsphase kommen kann, was die in Kapitel 2.2 geschilderten Probleme nach sich zieht.

3.3.3 Metamorphose-Phase

Die dritte Phase des Onboardingprozesses ist die Metamorphose-Phase. Sie zeichnet sich dadurch aus, dass das neue Team-Mitglied nicht mehr als „neu" erkennbar ist, sondern auf allen Ebenen ins Team integriert ist. Gesonderte Unterstützung bei der Einarbeitung ist an diesem Punkt nicht oder kaum noch vonnöten, die Arbeit wird selbstständig und sicher erledigt. Da dies für die

---

[35] vgl. Lohaus und Habermann 2016, S. 73.
[36] vgl. Rohrlack 2019, S. 286.
[37] vgl. Neuberger 1994, S. 127.
[38] vgl. Lohaus und Habermann 2016, S. 74.
[39] Rohrlack 2019, S. 285.

gesamte Dauer der Weiterbeschäftigung in dieser Tätigkeit gelten sollte, ist die Metamorphose-Phase eigentlich weniger als eine Phase, denn als Status zu betrachten.[40] Zur Beurteilung ob ein Team-Mitglied in die Metamorphose-Phase übergegangen ist formuliert Neuberger drei Aspekte: personal, interpersonal und apersonal. Bei ersterem geht es vorrangig um die fachliche Performanz, beim interpersonalen Aspekt um die soziale Vernetzung und die eigene Verortung im sozialen Gefüge des Teams, beim apersonalen Aspekt um die Identifikation mit den Werthaltungen des Arbeitgebenden und dem damit verbundenen Commitment und „Wir-Gefühl".[41] Neubergers Aspekte sind somit deckungsgleich mit den in Kapitel 3.2 geschilderten Ebenen der Integration. Ist die Integration auf allen drei Ebenen (fachlich, sozial, werteorientiert) vollzogen und wurde beiderseitig die Entscheidung zur Weiterbeschäftigung getroffen, gilt der Onboardingprozess als abgeschlossen. Der genaue Abschlusszeitpunkt ist dabei individuell verschieden von mehreren Faktoren abhängig[42] und fällt nicht automatisch mit dem Ende der Probezeit zusammen.[43]

4 Geeignete Maßnahmen im Kontext von Kindertagesstätten

Im Folgenden werden einige Maßnahmen beschrieben, die im Kontext einer Kindertagesstätte Anwendung finden können. Hierbei werden teilweise konkrete Anwendungsbeispiele genannt.

4.1 Welcome Package

Tritt eine Fachkraft neu in eine Kita ein, so sind ihr womöglich die organisatorischen Strukturen des entsprechenden Trägers noch unbekannt. Bei einer Hospitation werden oftmals Konzept und Arbeitsweise besprochen. Organigramme und Formulare sind an dieser Stelle noch von untergeordnetem Stellenwert. Um eine gebündelte Weitergabe auch dieser Informationen zu gewährleisten, bietet es sich an, ein sogenanntes „Welcome Package"

---

[40] vgl. Lohaus und Habermann 2016, S. 75.
[41] vgl. Neuberger 1994, 151ff.
[42] vgl. Lohaus und Habermann 2016, S. 75.
[43] vgl. Rohrlack 2019, S. 291.

zusammenzustellen. Der Inhalt eines solchen Welcome Package unterscheidet sich von Einrichtung zu Einrichtung, sollte sich jedoch an einigen Kernfragen orientieren: Was sollten neue Mitarbeitende über unsere Einrichtung wissen? Wie wollen wir unsere Werte/unser Konzept vermitteln? Welche Informationen sind ab dem ersten Tag besonders nützlich? Was wird gebraucht, um effektiv in die Arbeit starten zu können?[44] Dabei können auch scheinbar banale Informationen dem neu hinzukommenden Team-Mitglied eine Hilfestellung sein, z. B. wo lässt es sich in der Umgebung am besten parken?[45] Beispielhaft für eine Kita kann ein Welcome Package folgende Bestandteile beinhalten:

Einrichtungskonzept, Willkommensschreiben der Einrichtungsleitung und/oder der Fachbereichsleitung, Auszüge aus der zutreffenden Vergütungsordnung und/oder dem TVÖD (z. B. Entgelttabelle), Übersicht betrieblicher Leistungen (z. B. vermögenwirksame Leistungen, Kooperationen wie „Jobrad"), Organigramm mit allen Kitas des Trägers, sowie Ansprechpersonen und Kontaktadressen, diverse Formulare (z. B. Urlaubsantrag, Fahrtkostenantrag), Fortbildungskatalog. Das Welcome Package kann sowohl vor dem ersten Arbeitstag als auch an eben jenem überreicht werden.

4.2 Mentoring/Patenschaft

Zur Begleitung des Onboardings auf sozialer und fachlicher Ebene steht Kitas das Instrument des Mentorings oder einer Patenschaft zur Verfügung. Die Systeme unterscheiden sich in der hierarchischen Ebene, auf der sich der oder die anleitende Mitarbeitende bewegt und in der Dauer der Betreuung. Mentor*innen stehen hierarchisch über dem neuen Team-Mitglied (z. B. die Einrichtungsleitung), während Patenschaften sich auf gleichgestellter hierarchischer Ebene bewegen (z. B. Erzieher*in auf Gruppenebene). Weiterhin sind Mentorings zumeist langfristiger angelegt. In beiden Systemen sollte die Verantwortung langjährigen Team-Mitgliedern übertragen werden, die viel Erfahrung und einen guten Überblick über die üblichen Abläufe haben.

---

[44] vgl. continu 2021, URL: https://www.continu.com/blog/new-employee-welcome-packet.
[45] vgl. continu 2021, URL: https://www.continu.com/blog/new-employee-welcome-packet.

Insbesondere ein Pate oder eine Patin sollten selbst intern gut vernetzt und sozial akzeptiert sein. Für die Anleitung ist beiden Systemen gemein, dass die anleitende Person sowohl eine gute Sozialkompetenz als auch didaktisches Feingefühl mitbringen sollte und der Kindertagesstätte und ihrer Trägerschaft gegenüber loyal ist.[46]

In der WiFF-Kita-Befragung 2018 geben bereits 26% der Einrichtungen an, neue Mitarbeitende durch Mentor*innen begleiten zu lassen.[47] Ob es sich hierbei um Mentor*innen nach o. g. Merkmalen handelt oder auch Patenschaften mitgemeint sind wird nicht ausdifferenziert. Zu den Vorteilen dieser Maßnahme gehören, dass das neue Team-Mitglied eine feste Anlaufstelle für die typischen Fragen und Anliegen in der Eintrittsphase hat und durch eine sozial etablierte und akzeptierte Fachkraft dem Team und anderen Ansprechpersonen, sowie der Elternschaft vorgestellt wird. Auch dient die anleitende Person als Verhaltensmodell, an dem sich der oder die neue Mitarbeitende orientieren kann, um den Habitus und die ungeschriebenen Regeln der Einrichtung kennenzulernen. Nachteile, bzw. mögliche Risiken der Maßnahme können bspw. entstehen, wenn die Zielvorstellungen des oder der Vorgesetzten und der Person, der die Patenschaft übertragen wurde, auseinandergehen. Dies führt bei der neuen Fachkraft zu Verwirrung über die Anforderungen, die an sie gestellt werden. Ein weiteres Risiko besteht darin, dass die Einrichtungsleitung und/oder anderen Mitarbeitenden sich nicht für das Onboarding zuständig fühlen.[48]

4.3 Integrationsplan und Mitarbeitendengespräche

Ein Integrationsplan wird in der Regel vor Tätigkeitsbeginn des oder der neuen Mitarbeitenden erstellt und sollte den fachlichen Einarbeitungsplan, Termine für soziale Aktivitäten und erste Termine für Mitarbeitendengespräche mit der Leitung und/oder der für die Patenschaft/das Mentoring zuständigen Person enthalten.[49] Im fachlichen Einarbeitungsplan werden neben dem Einsatzort auch

---

[46] vgl. Watzka 2014, S. 88f.
[47] vgl. Geiger 2019, 33ff.
[48] vgl. Watzka 2014, S. 88f.
[49] vgl. Rohrlack 2019, S. 289.

die Aufgaben des neuen Team-Mitglieds festgehalten. Dabei wird die Abfolge der zu erlernenden Tätigkeiten festgelegt und welche Ergebnisse dabei erwartet werden.[50] Bezogen auf den elementarpädagogischen Kontext können dabei auch schwer bezifferbare Ziele wie „Kennenlernen der Kindergruppe und Aufbau erster Beziehungen" neben quantifizierbaren Zielen wie „Führen mindestens eines Entwicklungsgespräches" aufgeführt werden. Die Mitarbeitendengespräche sind ein maßgeblicher Teil des Integrationsplanes und sollten lösungsorientiert geführt werden und einen formellen Charakter aufweisen. Sie sind nicht zu verwechseln mit den informellen Gesprächen im Rahmen des Mentorings oder der Patenschaft. Mitarbeitendengespräche finden terminiert statt und sind womöglich schon im Integrationsplan festgehalten. In den Mitarbeitendengesprächen steht die Selbstbeurteilung der Leistungen und des Entwicklungspotenziales des oder der Mitarbeitenden im Zentrum und wird gegen Gesprächsende lediglich ergänzt durch die Fremdbeurteilung. Fortschritte fachlicher und sozialer Art sollten in einem Mitarbeitendengespräch ebenfalls Erwähnung finden, auch wenn sie klein zu sein scheinen.[51] In den Gesprächen sollte neben einem Rückblick auf die erzielten Erfolge und Meilensteine auch eine Zielsetzung stattfinden, deren Erreichen im Folgegespräch reflektiert wird.[52]

5 Fazit/Schlussbetrachtung

Frühe Fluktuation zieht gravierende Folgen für elementarpädagogische Einrichtungen nach sich, vor allem wenn die Fluktuationsrate hoch ist. Die Belastungen für alle Beteiligten (Leitung, Kollegium, Kinder, Eltern, Verwaltung, Ausscheidende) sind hoch und können einen Imageschaden nach sich ziehen. Um eine bedarfsgerechte, qualitativ hochwertige Betreuung zu gewährleisten und ein gutes Betriebsklima nach innen und außen zu vermitteln ist es wichtig, nicht nur den Wechsel in die Einrichtung, sondern auch den Verbleib in selbiger für neue Mitarbeitende besonders attraktiv zu gestalten. Das Wissen über die

---

[50] vgl. Rohrlack 2019, S. 291.
[51] vgl. Rohrlack 2019, S. 292.
[52] vgl. Rohrlack 2019, 294f.

verschiedenen Ebenen der Integration und die Phasen des Onboardings sind wichtige Hilfsmittel für die Einrichtungsleitung, um den Onboardingprozess in der eigenen Einrichtung zu gestalten und auf die individuellen Gegebenheiten anzupassen. Die in dieser Hausarbeit erarbeiteten Maßnahmen für den elementarpädagogischen Bereich sind beispielhaft und können und sollten individuell ausgestaltet werden. Wichtig ist eine ausreichende Berücksichtigung der sozialen und werteorientierten Integration, da ein Mangel auf diesen Ebenen ein häufiger Faktor für Kündigungen in der Probezeit ist. Idealerweise wird schon in der Vor-Eintritts-Phase auf ein entsprechendes Person-Organization-Fit geachtet, um das Risiko einer frühen Kündigung zu mindern. Vor dem Hintergrund des Fachkräftemangels kann die Versuchung vorhanden sein, jede*n Bewerber*in einzustellen. Die negativen Auswirkungen von gehäuften frühen Kündigungen können jedoch Anlass geben das eigene Onboardingkonzept zu überprüfen.

6 Literaturverzeichnis

Autorengruppe Fachkräftebarometer (2021): Fachkräftebarometer Frühe Bildung 2021. Hg. v. Deutsches Jugendinstitut e.V. (DJI). URL: https://doi.org/10.36189/wiff32021.

Brenner, Doris (2014): Onboarding. Als Führungskraft neue Mitarbeiter erfolgreich einarbeiten und integrieren. Wiesbaden: Springer Gabler (essentials).

Bröckermann, Reiner; Müller-Vorbrüggen, Michael (Hg.) (2008): Handbuch Personalentwicklung. Die Praxis der Personalbildung, Personalförderung und Arbeitsstrukturierung. Stuttgart: Schäffer-Poeschel Verlag.

Geiger, Kristina (2019): Personalgewinnung. Personalentwicklung. Personalbindung. Eine bundesweite Befragung von Kindertageseinrichtungen. München: Weiterbildungsinitiative für Frühpädagogische Fachkräfte WiFF.

Immerschitt, Wolfgang; Stumpf, Marcus (2014): Employer Branding für KMU. Der Mittelstand als attraktiver Arbeitgeber. Wiesbaden: Springer Gabler.

Lohaus, Daniela; Habermann, Wolfgang (2016): Integrationsmanagement – Onboarding neuer Mitarbeiter. 2. Aufl. Göttingen: Vandenhoeck & Ruprecht.

Moser, Klaus; Soucek, Roman; Galais, Nathalie; Roth, Colin (2018): Onboarding - neue Mitarbeiter integrieren. 1. Auflage. Göttingen: Hogrefe (Praxis der Personalpsychologie, Band 37).

Neuberger, Oswald (1994): Personalentwicklung. 2., durchges. Aufl. Stuttgart: Enke (Basistexte Personalwesen, 2).

Özdemir, Hüseyin (2008): Fehlzeiten und Fluktuation reduzieren durch Organisationsentwicklung. 1. Aufl. Erftstadt: Ed. OEZPA.

persomatch (2021): Inplacement | Definition und Bedeutung. URL: https://persomatch.de/hr-lexikon/inplacement/, zuletzt aktualisiert am 14.04.2021, zuletzt geprüft am 10.11.2021.

PONS (2021). URL: https://de.pons.com/%C3%BCbersetzung/latein-deutsch/fluctuare, zuletzt aktualisiert am 01.11.2021, zuletzt geprüft am 01.11.2021.

Pre-Onboarding: Creating a New Employee Welcome Packet (2021). URL: https://www.continu.com/blog/new-employee-welcome-packet, zuletzt aktualisiert am 24.11.2021, zuletzt geprüft am 24.11.2021.

Rohrlack, Kirsten (2019): Lösungsorientierte Mitarbeitergewinnung. Praktisches Vorgehen und theoretische Grundlagen. Wiesbaden: Springer Gabler (Springer eBook Collection).

ver.di (2021): ver.di-Befragung zeigt: In Kitas fehlen 173.000 Fachkräfte. URL: https://www.verdi.de/presse/pressemitteilungen/++co++df433dd4-d977-11eb-afd5-001a4a16012a, zuletzt aktualisiert am 28.11.2021, zuletzt geprüft am 28.11.2021.

Watzka, Klaus (2014): Personalmanagement für Führungskräfte. Elf zentrale Handlungsfelder. Wiesbaden: Springer Gabler.

BEI GRIN MACHT SICH IHR WISSEN BEZAHLT

- Wir veröffentlichen Ihre Hausarbeit,
  Bachelor- und Masterarbeit

- Ihr eigenes eBook und Buch -
  weltweit in allen wichtigen Shops

- Verdienen Sie an jedem Verkauf

Jetzt bei www.GRIN.com hochladen und kostenlos publizieren